ASSOCIATION INTERNATIONALE POUR LA PROTECTION LEGALE
DES TRAVAILLEURS
(SECTION FRANÇAISE)

L'Organisation du Travail

DANS LES

USINES A FEU CONTINU

Rapport présenté à l'Assemblée générale de Zurich

PAR

P. BOULIN

Inspecteur Divisionnaire du Travail

PARIS

FÉLIX ALCAN, ÉDITEUR
LIBRAIRIES FÉLIX ALCAN & GUILLAUMIN réunies
BOULEVARD SAINT-GERMAIN, 108

MARCEL RIVIÈRE et Cie
LIBRAIRIE des SCIENCES POLITIQUES & SOCIALES
RUE JACOB, 31

1912

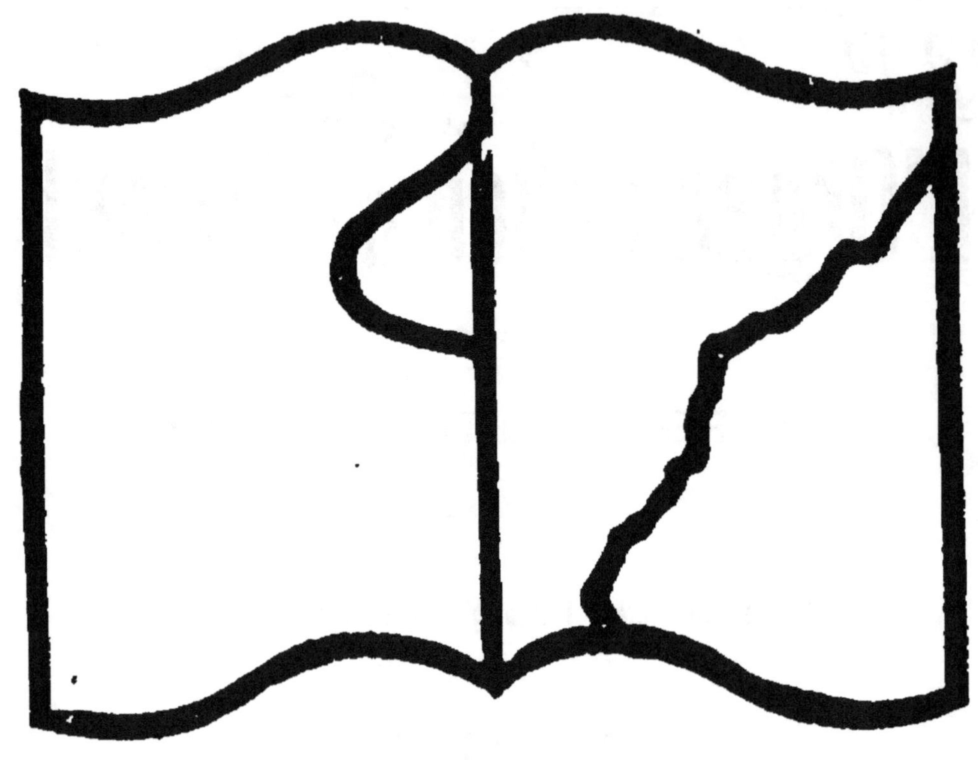

Texte détérioré — reliure défectueuse

NF Z 43-120-11

COMITÉ DIRECTEUR DE L'ASSOCIATION

Paul CAUWÈS, doyen de la Faculté de Droit de l'Université de Paris, président honoraire de l'Association.

A. MILLERAND, député, ministre de la guerre, président.

Ed. BRIAT, secrétaire général de la Chambre consultative des Associations ouvrières de production, membre du Conseil supérieur du travail et de la Commission supérieure du travail dans l'industrie, vice-président.

A. LIÉBAUT, ingénieur, membre du Comité consultatif des arts et manufactures et de la Commission supérieure du travail dans l'industrie, vice-président.

Raoul JAY, professeur à la Faculté de Droit de l'Université de Paris, membre du Conseil supérieur du travail, secrétaire général.

Léon de SEILHAC, publiciste, délégué permanent du service industriel et ouvrier du *Musée social*, trésorier.

Georges ALFASSA, ingénieur civil, E. C. P.

Louis BARTHOU, député, ancien ministre.

Adéodat BOISSARD, professeur à la Faculté libre de Droit de Paris.

François FAGNOT, enquêteur à l'*Office du travail*.

Arthur FONTAINE, directeur du Travail au Ministère du Travail et de la Prévoyance sociale.

Arthur GROUSSIER, député.

Auguste KEUFER, délégué permanent de la Fédération française du Livre.

Abbé LEMIRE, député.

André LICHTENBERGER, directeur-adjoint du *Musée social*.

Henri LORIN, ancien élève de l'Ecole Polytechnique.

Etienne MARTIN-SAINT-LÉON, bibliothécaire du *Musée social*.

Comte A. de MUN, député.

C. PERREAU, ancien député, professeur à la Faculté de Droit de l'Université de Paris.

Eug. PETIT, docteur en Droit, ancien chef du cabinet du ministre du Commerce.

Paul PIC, professeur à la Faculté de Droit de l'Université de Lyon.

Ivan STROHL, industriel.

Edouard VAILLANT, député.

Richard WADDINGTON, sénateur.

SIÈGE SOCIAL : **5, rue Las-Cases, PARIS**

ASSOCIATION INTERNATIONALE POUR LA PROTECTION LÉGALE
DES TRAVAILLEURS
(SECTION FRANÇAISE)

L'Organisation du Travail

DANS LES

USINES A FEU CONTINU

Rapport présenté à l'Assemblée générale de Zurich

PAR

P. BOULIN

Inspecteur Divisionnaire du Travail

PARIS

FÉLIX ALCAN, ÉDITEUR
LIBRAIRIES FÉLIX ALCAN & GUILLAUMIN réunies
BOULEVARD SAINT-GERMAIN, 108

MARCEL RIVIÈRE et Cie
LIBRAIRIE des SCIENCES POLITIQUES & SOCIALES
RUE JACOB, 31

1912

L'ORGANISATION DU TRAVAIL

dans les Usines à feu continu ou à marche continue

Ce rapport fera connaître, trop brièvement d'ailleurs, les divers modes d'organisation du travail dans les usines à feu continu qui existent en France et dans les principaux États industriels de l'Europe. En permettant des comparaisons utiles, il pourra faciliter le travail des personnes désireuses de se faire une opinion sur la meilleure manière d'aboutir à une législation internationale.

Les usines à feu continu se trouvent presque toutes dans les quatre industries suivantes : métallurgie, verreries, produits chimiques, papeteries.

Théoriquement, il n'existe pour ainsi dire pas d'usines à feu continu; toutes peuvent arrêter leur marche pendant un temps plus ou moins long. En fait, un certain nombre d'entre elles s'arrêtent plus ou moins longtemps le dimanche, comme les papeteries, soit 12, soit plus généralement 24 heures. Même les hauts fourneaux peuvent sinon arrêter, du moins diminuer l'activité de leur production.

Pratiquement, un certain nombre d'opérations des grandes industries considérées ne sont interrompues que lorsqu'il y a lieu d'effectuer des réparations indispensables. Cela tient à des raisons techniques autant qu'économiques : techniques parce qu'il est impossible, dans le court délai que représente le repos hebdomadaire, de suspendre l'action du feu et de rallumer les fours ; économiques, parce que ces courts arrêts amèneraient des pertes de matières premières et une détérioration rapide des fours et, d'autre part, une diminution de la production pour des engins dont l'établissement a absorbé des capitaux élevés.

Nous considérerons donc comme usines à feu continu : 1° celles qui, en pratique, et pour ainsi dire sans exception à l'heure actuelle, ne s'arrêtent que pour subir les réparations qui rendent nécessaires l'extinction des feux ou l'arrêt du courant ; 2° celles qui n'arrêtent que le dimanche.

I. — FRANCE

Industrie du Fer. — Hauts fourneaux et fours à coke. — On voit que nous ne comprenons pas dans la première catégorie les fours Siemens-Martin et autres fours produisant de l'acier sur sole parce qu'en pratique on constate qu'à l'heure actuelle, où l'industrie métallurgique traverse une période d'activité intense, il n'y a guère qu'une usine sur trois ou quatre où la marche de ces fours soit réellement continue; cette distinction éclaire ce que nous avons dit plus haut.

En France on rencontre des hauts fourneaux dans l'Est et dans le Nord.

Cuivre. — Les usines à cuivre sont peu abondantes. On n'y traite que des mattes dans des fours à réverbère à marche continue

Zinc. — Il existe en tout cinq fonderies de zinc, fonctionnant avec des fours liégeois. Chaque opération demande vingt-quatre heures, mais est immédiatement suivie d'une autre afin d'utiliser la somme énorme de chaleur nécessaire pour l'entretien du four.

Plomb. — Il existe quatre ou cinq fonderies de plomb par le traitement direct du minerai. L'opération a lieu dans des fours à cuve dits « water-jackets » à marche continue. Le grillagé du minerai ne se fait plus guère que par le procédé Huntington-Heberlein, ou des variantes, qui ne nécessite pas toujours une marche continue.

Electrométallurgie. — Cette industrie nouvelle existe dans les pays où les cours d'eau relativement importants subissent des dénivellations rapides, particulièrement dans les Alpes et les Pyrénées. Par ce moyen on obtient une énergie électrique abondante et relativement peu coûteuse. Il existe de ces usines pour le fer, l'aluminium, le chrome, etc.

Métallurgie en général. — Entretien des feux. On comprend très bien que, même pendant l'arrêt de la production, il soit indispensable d'entretenir les feux. Les fours de la métallurgie ne peuvent être éteints complètement.

Or, argent, antimoine, vanadium. — Production pour ainsi dire insignifiante.

Produits chimiques. — Fabrication de l'acide sulfurique. — On prépare d'abord l'acide sulfureux soit au moyen de la pyrite de fer, soit au moyen de la blende. Les fours sont à réverbère, à étages, ou sont des fours automatiques tournants. L'acide sulfurique lui-même se fait soit au moyen du procédé des chambres, soit par le procédé dit de « contact ». Des tentatives ont été faites pour la fabrication de l'acide anhydre par des procédés électrolytiques, notamment près de Lyon.

Fabrication de divers produits par électrolyse. — Chlore, chlorures, chlorate de potasse ou de sodium, carbure de calcium, graphitation du carbone, carborandum, cyanamide, hydrogène, oxygène.

Fabrication du phosphore, de la soude, cristallisation de certains sels, entre autres du borax, raffinerie de soufre.

Entretien des feux, notamment dans la fabrication du bleu outremer.

Usines à gaz.

VERRERIES, GLACERIES. — En France, le travail de production est pour ainsi dire partout suspendu une partie du dimanche, partie qui n'est pas la même pour tous les ouvriers, sauf en ce qui concerne l'entretien des feux.

PAPETERIES. — Il n'existe qu'une papeterie dans le Nord où le travail ne soit pas suspendu le dimanche. On ne peut donc pas classer les papeteries au même titre que les usines précédentes, sauf en ce qui concerne les fabriques de pâte de bois opérant d'après les procédés chimiques, par exemple à l'aide d'un sulfite.

Durée du travail

Au sujet de la durée du travail, il y a lieu de constater que les ouvriers occupés dans une usine à feu continu peuvent ne pas avoir la même durée de travail, soit parce que des opérations industrielles indépendantes les unes des autres se font dans la même usine : par exemple, dans une fonderie de zinc où l'on grille les blendes et où l'on fabrique l'acide sulfurique, certains ouvriers font huit heures, d'autres six heures, d'autres douze heures par jour ; soit parce que des ouvriers travaillent alternativement de jour et de nuit et d'autres seulement de jour. D'une manière générale on rencontre dans ces usines trois catégories d'ouvriers :

1° Les ouvriers de la fabrication ;

2° Les manœuvres de la cour;

3° Les ouvriers occupés aux réparations.

Le premier groupe se décompose lui-même en ouvriers de la fabrication proprement dite, en chauffeurs et parfois en machinistes.

Les ouvriers de la fabrication sont les seuls qui sont organisés en équipes. Les manœuvres de la cour, qui exécutent les manutentions, les chargements, les déchargements, les nettoyages, etc., sont occupés généralement de 6 heures du matin à 6 heures du soir, parfois jusqu'à 7 heures avec un repos d'une heure.

Les ouvriers de la réparation se composent de mécaniciens, de maçons et de manœuvres. Dans certaines grandes usines, il y a une équipe de nuit pour les réparations, équipe réduite. Comme ces ouvriers appartiennent à l'entreprise, ils ont souvent une durée de travail supérieure à douze heures (1). De plus, ils travaillent aussi une partie du dimanche matin (2).

Dans les usines où l'on arrête le dimanche, l'équipe de la réparation comporte non seulement ces ouvriers mécaniciens, mais aussi quelques ouvriers de la fabrication qui connaissent particulièrement l'outillage qu'ils emploient. Ces derniers appartiennent à l'équipe de jour descendante, celle qui a quitté le travail le samedi soir et qui ne le reprendra que le lundi soir.

Les maçons ont plus fréquemment un repos compensateur en semaine que les autres ouvriers lorsqu'ils ont été employés le dimanche.

Voici quelques organisations du travail telles qu'elles fonctionnent habituellement.

Métallurgie du fer. — Une usine complète se compose

(1) Décret du 28 mars 1902, art. 1, 2°.

(2) Loi du 13 juillet 1906, art. 4.

de hauts fourneaux, fours à coke, fours Siemens-Martin, laminoirs, etc. D'ailleurs, dans les établissements moins importants qui ne comportent qu'une partie de ces ateliers, l'organisation du travail est la même.

FOURS A COKE. — Travail à deux équipes faisant chacune douze heures de présence.

FOURS A DOLOMIE, A BRIQUES RÉFRACTAIRES. — Même organisation.

HAUTS FOURNEAUX. — Pour la fabrication : durée de la présence à l'usine, douze heures; il en est de même pour les machinistes, les ouvriers employés à l'évacuation des produits ou à la manutention des matières premières.

Le travail de réparation et d'entretien est exécuté par des ouvriers organisés en équipes.

Les chauffeurs, les gaziers et mouleurs sont également en équipes.

PUDDLAGE. — Arrêt le dimanche, sauf pour l'entretien des feux.

FOURS MARTIN. — Dans les plus grandes usines, les fours Martin n'arrêtent pas le dimanche ; les ouvriers employés à la fabrication, les machinistes, les chauffeurs et gaziers font douze heures de présence par deux équipes. Le travail est sensiblement plus pénible que dans les hauts fourneaux.

FOURS A CREUSETS, A CÉMENTER, FOURS ÉLECTRIQUES. — Pas d'arrêt le dimanche. Deux équipes de douze heures.

LAMINOIRS. — Deux équipes de 12 heures. Arrêt plus ou moins long le dimanche pour la visite du matériel, la réparation des fours, etc.

ACIÉRIE BESSEMER. — Arrêt le dimanche. Deux équipes ayant 12 heures de présence.

CIMENT DE LAITIER ET BRIQUETERIE. — Même organisation.

SCORIES DE DÉPHOSPHORATION. — Même organisation.

Métallurgie du zinc. — Traitement du minerai. — Il existe deux sortes de minerai : la calamine et la blende ; le premier est employé directement, le second après un grillage pour enlever le soufre. Nous parlerons de cette dernière opération à propos des produits chimiques.

FOURS LIÉGEOIS. — Chaque four comprend un brigadier de four, un grand manœuvre, quatre *volants*, deux petits manœuvres. Le brigadier fait 24 heures de présence et se repose 24 heures. Effectivement il travaille de 6 heures du matin à midi et de 4 heures du soir à 6 heures du matin. Le grand manœuvre travaille 8 à 9 heures par jour ; les volants, 5 à 6 heures ; les petits manœuvres, 5 à 6 heures. Tout le personnel du four est présent pour le chargement et le déchargement des cornues. Le brigadier surveille l'opération entière.

LAMINOIRS A ZINC. — Travail par deux équipes faisant 12 heures de présence.

ZINC OUVRÉ. — Travail de jour seulement.

Electrométallurgie. — Le personnel se compose d'un petit nombre de techniciens et de manœuvres ou surveillants. Ces usines sont de fondation récente et ont pu organiser, au moins quelques-unes, les trois équipes de huit heures pour le personnel employé en équipes.

Produits chimiques. — Ces usines comportent un petit nombre de techniciens, contremaîtres, ouvriers spéciaux n'arrêtant pas le dimanche ; un noyau beaucoup plus important d'ouvriers ordinaires, de manœuvres qui ont un arrêt par roulement ; un autre noyau composé d'ouvriers arrêtant le dimanche et enfin les manœuvres de cour.

VERRERIES ET GLACERIES. — Ces établissements sont de

diverses natures : 1° les verreries à bassin comprenant les verreries à bouteilles, les verreries à vitres ; 2° les verreries à pots comprenant les flaconneries, les gobeletteries, les verreries à verres de couleur ; 3° les verreries à verre coulé, fabriques de glaces.

Les verreries à bassin fonctionnent de jour et de nuit avec, le dimanche, un arrêt plus ou moins long.

Les verreries à pot arrêtent généralement la nuit leur fabrication.

Les glaceries ont un travail réduit le dimanche.

On peut comprendre dans les verreries les groupes d'ouvriers suivants :

Les verriers proprement dits occupés au travail du four ; les ouvriers des étenderies ou fours à réchauffer ; les chauffeurs et gaziers ; les manœuvres de la cour. En général les verriers travaillent par le système de trois équipes faisant 8 heures. Les ouvriers de l'étenderie font 8, 10 ou 12 heures, les ouvriers de la cour 11 heures et les chauffeurs 8 ou 12 heures. Il existe une verrerie où il y a trois équipes de chauffeurs faisant 12 heures suivies chaque fois de 24 heures de repos.

Dans les glaceries, le personnel comprend des ouvriers chauffeurs de fours, des fondeurs, des ouvriers de l'étenderie, des coupeurs et des polisseurs de glaces. Les chauffeurs font 12 heures suivies de 24 heures de repos : les fondeurs font 12 à 13 heures de présence ; les ouvriers de l'étenderie, 12 heures. On nomme hommes de garde les ouvriers chargés de la coulée, ils font tantôt 8 heures (équipe de jour), tantôt 11 h. 1/2 (équipe de nuit) de présence. Enfin il est une catégorie d'ouvriers qui, en dehors des manœuvres de cour, ne travaillent que le jour et font 9 heures par jour : ce sont les dresseurs de carcaisses, les tireurs de glace, les coupeurs, les électriciens.

Au polissage on fait 10 heures, avec des femmes et des enfants, le jour seulement.

Papeteries. — Les ouvriers des piles et de la machine à fabrication continue sont occupés par équipes ayant tous également un arrêt le dimanche. Les trieurs de chiffons, les coupeurs, les manœuvres, travaillent de jour seulement. Il y a partout deux équipes de 12 heures de présence, alternant soit à 6 heures du matin et 6 heures du soir, soit à midi et à minuit.

Établissements ayant organisé trois équipes de 8 heures

Il est impossible de répondre exactement à cette question à cause des renseignements incomplets que nous avons en mains; néanmoins, il est permis de supposer que, sauf dans les usines utilisant l'énergie électrique et de création relativement récente, ces établissements sont peu nombreux.

Métallurgie du fer. — Hauts fourneaux. — Je ne trouve aucun exemple d'organisation par trois équipes dans les hauts fourneaux existant en France. Au nombre des objections présentées à l'organisation de ce système par les industriels intéressés, il s'en trouve une qui mérite à peine d'être combattue, c'est celle qui consiste à dire qu'il y aurait abaissement de la production.

Elle ne peut avoir été soulevée que par des personnes faisant confusion entre l'organisation à trois équipes de huit heures et le système dit « des trois huit », mais qui ne représente que huit heures de travail en réalité pour l'ensemble de l'établissement.

Au contraire, l'organisation du travail par trois

équipes de huit heures n'a de chance de réussir que s'il y a transformation des méthodes de production, que s'il y a travail plus intense, de façon à permettre le maintien du salaire sur lequel agit, d'autre part, la raréfaction de la main-d'œuvre.

Travail du fer. — On cite un atelier de puddlage à Lorette, près de Saint-Chamond, et un autre en Franche-Comté.

Métallurgie du plomb. — Les ouvriers de la fonderie de plomb de Langeac ont été organisés en équipes de huit heures après avoir travaillé d'après le système de deux équipes faisant douze heures.

Produits chimiques. — On trouve des exemples de trois équipes de 8 heures dans une fabrique d'acide sulfurique préparant l'acide sulfureux par le grillage des blendes.

On rencontre encore cette organisation dans l'électrochimie : fabriques de chlorate de potasse, fabriques de cyanamide, fabriques de sodium, de carbure de calcium, de phosphore, de soude, ainsi que dans une fabrique de soie artificielle et dans trois grandes usines à gaz (Lyon, Paris).

Electrométallurgie. — Les équipes de huit heures sont organisées dans presque toutes les fabriques d'aluminium situées dans les Alpes.

Verreries. — La grande généralité des verreries à bassin marchent avec le système des trois équipes, mais seulement en ce qui concerne les ouvriers de la fabrication et à l'exception des chauffeurs et gaziers.

Causes qui ont amené l'organisation à trois équipes

Ces causes sont les suivantes : 1° action ouvrière : verreries ; par suite l'organisation du travail a reçu une solution conforme à la demande des ouvriers en même temps que s'est trouvée réglée la question des salaires;

2° Application de la loi sur le repos hebdomadaire. Exemple : fabrication de l'acide sulfurique et grillage des blendes à Auby. Le salaire a été légèrement augmenté ;

3° Le désir d'attirer des ouvriers dans une région autrefois peu industrielle où se sont montées des usines utilisant les chutes d'eau, ayant besoin de relativement peu d'ouvriers formés. Exemples, les nombreuses usines électrométallurgiques ou électrochimiques.

Nombre des ouvriers occupés en équipes de jour et de nuit

Il ne peut être question de donner des chiffres précis, néanmoins on peut trouver intéressant d'avoir quelque notion sur le nombre et sur la proportion des ouvriers occupés la nuit par rapport au personnel total des établissements considérés. Ce nombre est tiré des rapports annuels de l'inspection du travail en même temps que de renseignements personnels.

	Nombre des établissements.	Nombre total des ouvriers.	Nombre des ouvriers occupés en équipes.	
Usines métallurgiques.........	208	122.310	56.586	46 2 %
Produits chimiques...........	5.523	131.433	80.174	61 » %
Verreries...... .	160	53.193	20.557	38 6 %
Papeteries.......	351	26.080	13.875	53 2 %

Il est beaucoup plus difficile de déterminer le nombre des ouvriers qui appartiennent à des équipes dont le travail est continu, sans arrêt le dimanche, ainsi que leur proportion par rapport aux autres ouvriers. Cependant, en prenant quelques établissements à titre d'exemple, on peut arriver à se faire une idée suffisamment approchée.

		Proportion des ouvriers occupés aux travaux qui n'ont aucune interruption par rapport au nombre des ouvriers occupés avec interruption le dimanche.
Usines métallurgiques...	environ	15 % (1)
Produits chimiques......	—	35 %
Verreries	—	5 %
Papeteries	—	5 %

Durée de l'arrêt du dimanche

Un certain nombre d'établissements dits à feu continu arrêtent cependant une fois par semaine. C'est très généralement le dimanche. Cet arrêt est d'au moins 12 heures ; mais il peut atteindre 18, 24 et même 36 heures. Dans les aciéries et les usines métallurgiques, sauf les hauts fourneaux, l'arrêt est en général de 24 heures, parfois de 36 heures. Dans les usines de produits chimiques, à l'exception des équipes qui fonctionnent sans interruption, l'arrêt est généralement de 36 heures. Dans les verreries, sur 27 établissements, 1 a un arrêt de 12 heures ; 7 ont un arrêt de 15 heures ; 9, un arrêt de 18 heures ; 8, un arrêt de 24 heures, et 2, un arrêt de 36 heures.

Systèmes d'alternance

Il nous parait utile de faire connaître sommairement les divers systèmes d'alternance des équipes qui sont pratiqués, à l'heure actuelle, en France :

1° Commencement du travail, 6 heures du matin ou 6 heures du soir. Durée de la présence, 12 heures. Deux

(1) En ne tenant compte que de la grande industrie.

équipes. Arrêt de la fabrication pendant 12 heures chaque dimanche. Chaque équipe a 24 heures de repos, sauf pour les hommes employés à la réparation qui font partie des équipes.

Ce système est celui qui est généralement employé dans les papeteries.

2° Même organisation, mais l'usine arrête sa fabrication pendant 24 heures au lieu de 12 heures. Chaque équipe a 72 heures de présence par semaine, tandis que, d'après le n° 1, une équipe, l'équipe de nuit, fait 84 heures, l'équipe de jour n'en faisant que 72.

3° Changement des postes également à 6 heures du matin et à 6 heures du soir, mais la fabrication ne subit aucun arrêt ; le dimanche, l'alternance se fait à midi et chaque équipe fait 18 heures de présence consécutives. Pour le repos hebdomadaire, dans quelques usines, chaque homme bénéficie, par roulement, de l'exonération d'un poste de 12 heures, ce qui lui donne un repos de 36 heures.

Ce système est également très employé dans la métallurgie.

4° Changement des postes à 6 heures du matin et à 6 heures du soir ; alternance seulement tous les quinze jours à minuit; l'équipe de jour faisant 18 heures et l'équipe de nuit également 18 heures. Chaque homme jouit en semaine d'une exonération d'un poste de 12 heures, par roulement, et est remplacé par un homme de relais.

5° Dans certaines usines, autrefois plus nombreuses, les changements de postes ont lieu à minuit et à midi, au lieu de 6 heures.

6° Dans les fonderies de zinc, les brigadiers de four

font 24 heures de présence suivies de 24 heures de repos.

7° Dans quelques usines, les ouvriers sont divisés en un certain nombre de groupes de deux hommes. Six groupes comptent un remplaçant. Chaque groupe est partagé en deux équipes travaillant alternativement de jour et de nuit, de 6 en 6, et faisant 12 heures consécutives de travail.

L'alternance se fait chaque jour, mais par roulement. L'homme de remplacement attaché à une série de six groupes de deux ouvriers fait les remplacements à l'équipe de jour.

8° Deux équipes se relevant à 6 heures du matin et à 6 heures du soir; mais le personnel n'est pas réparti en deux équipes alternant collectivement. Il est établi un roulement individuel de façon que chacun d'eux jouit d'un repos de 24 heures après avoir effectué 6 ou 7 fractions de 12 heures. Ce système n'est applicable qu'à un personnel relativement réduit.

9° Le relèvement des équipes a lieu à 6 heures du matin et à 6 heures du soir, mais l'alternance est individuelle et se fait par des hommes de relais.

10° Le travail est assuré par trois équipes travaillant une semaine la nuit, une semaine le jour et une semaine à des travaux non continus.

En plus, un repos de 24 heures est accordé chaque semaine à chaque ouvrier par roulement.

11° Trois équipes faisant chacune 12 heures suivies de 24 heures de repos.

12° Deux équipes changeant de postes à 6 heures du soir et à 6 heures du matin et alternant le dimanche en doublant le poste, c'est-à-dire en faisant 24 heures. Sauf pour les spécialistes, la loi du 13 juillet 1906 exige qu'un repos de 24 heures suivies soit donné en plus tous les quinze jours.

Système employé dans beaucoup de hauts fourneaux et d'usines à gaz.

13° Trois équipes faisant chacune 8 heures. Une équipe A commence à 5 heures du matin et va jusqu'à 1 heure du soir ; l'équipe B, de 1 heure du soir à 9 heures; l'équipe C, de 9 heures à 5 heures du matin. Le dimanche, l'équipe A va jusqu'à 5 heures du soir, faisant ainsi 12 heures au lieu de 8; l'équipe B, de 5 heures du soir à 5 heures du matin. L'équipe C, qui s'est reposée, reprend à 5 heures du matin et ainsi de suite jusqu'au dimanche suivant :

	A	B	C	
Durée du travail hebdom. H^res	60	60	48	Première
Durée du repos —	20	20	24	semaine.

Exemple : 1° Fabrique de carbure de calcium, à Planay (Borel) : conduite des machines électriques, conduite des fours;

2° Carbures métalliques, à N. D. de Briançon; fabrique de carbure de calcium et de ferro-silicium : conduite des fours;

3° Soc. chim. du Giffre ; carbure de calcium et ferro-alliages : conduite des fours ;

4° Produits azotés de N. D. de Briançon ; cyanamide : conduite des compresseurs pour la fabrication de l'air liquide et l'extraction de l'azote ;

5° Soudières de Dombasle.

14° Même système : Trois équipes changeant de poste aux mêmes heures. Le samedi, l'équipe A va jusqu'à

5 heures du soir; l'équipe B, de 5 heures du soir au dimanche matin 5 heures; l'équipe C, du dimanche matin jusqu'à 5 heures du soir; enfin l'équipe A reprend à 5 heures du soir le dimanche jusqu'au lundi matin 5 heures. A ce moment le service reprend par poste de 8 heures, chaque équipe se trouvant avoir changé de poste après 24 heures de repos.

		Équipes	A	B	C
Durée du travail.	1re	semaine.	64	52	52
—	2e	—	52	64	52
—	3e	—	52	52	64
			168	168	168

Exemples :

1° Usines de La Praz, fab. aluminium, conduite des fours ;

2° Usine de Saussas, à Saint-Michel-de-Maurienne, conduite des fours ;

3° Usine Calypso, produits chimiques, conduite des fours ;

4° Usine des Flaus, produits chimiques, conduite des fours ;

15° Trois équipes de 8 heures :

L'équipe A commence à 6 h. 30 du matin jusqu'à 2 h. 30 du soir.

L'équipe B commence à 2 h. 30 du soir jusqu'à 10 h. 30 du soir.

L'équipe D commence à 10 h. 30 du soir jusqu'à 6 h. 30 du matin.

L'alternance a lieu les mardi, mercredi et jeudi de chaque semaine, de façon que tout le personnel bénéficie du repos hebdomadaire, mais sans qu'aucune équipe ne fasse jamais plus de huit heures consécutives de travail.

L'inconvénient de ce système, qui ne fait jamais faire plus de huit heures par jour aux ouvriers, est de provoquer des changements fréquents dans les parties du jour où le même ouvrier est présent à l'usine.

Exemples : usine de Fremont, commune d'Orelle, fab. de chlorate de potasse et de soude, aluminium ; salles d'électrolyse pour les chlorates, conduite des fours pour l'aluminium.

16° Trois équipes ; chaque équipe a son poste de huit heures interrompu par un repos de quatre heures. Le dimanche, le travail est arrêté. Tous les quinze jours, les ouvriers de l'émaillage changent d'atelier, quittent l'émaillage pour quinze jours et n'y reviennent que sur avis médical favorable. Exemple : familistère de Guise.

17° Trois équipes de 8 heures. Chaque dimanche, une équipe double son poste et fait seize heures. Les ouvriers aiment assez ce système qui leur permet d'avoir, durant la semaine, leurs postes aux mêmes heures, de 6 heures du matin à 2 heures, de 2 heures à 10 heures et de 10 heures à 6 heures du matin.

Exemple : fabrique d'acide sulfurique à Auby.

18° Trois équipes de 8 heures avec arrêt le dimanche. C'est le système employé dans les verreries à vitres, mécaniques ou non, et dans quelques verreries à bouteilles.

Pour compléter les renseignements généraux qui précèdent, il nous paraît utile d'insister sur l'organisation du travail dans les verreries.

Voici d'abord l'organisation complète du travail dans une verrerie à vitres du Nord, la verrerie mécanique d'A., qui a adopté point pour point ce qui se passe dans les autres verreries à vitres.

Service du four. — POCHEURS, CONDUCTEURS DE POCHES, TOURNEURS DE POTS, SOUFFLEURS, METTEURS DE CANNES, DESCENDEURS DE CANNES, ROGNEURS, NETTOYEURS, CONDUCTEURS DE CANONS, FENDEURS, HOMMES DE CAVE, AIDES DIVERS. — Trois équipes faisant huit heures. Les relèvements de poste ont lieu à 6 heures du matin, à 2 heures et à 10 heures du soir. Le dimanche, le travail est suspendu de 2 heures du soir au lundi 6 heures du matin.

FONDEURS. — Deux fondeurs se relayant à 6 heures du matin et à 6 heures du soir. Vingt-quatre heures le dimanche pour l'alternance.

COMPOSITIONNEURS. — Travail de jour seulement.

GAZIERS. — Trois équipes de douze heures pour chaque poste, avec dix heures de repos irréguliers.

CHAUFFEURS DE GÉNÉRATEURS. — Deux équipes faisant douze heures. Le repos hebdomadaire est assuré par une équipe de relais allant de 6 heures à midi le dimanche.

Service des étenderies. — ÉTENDEURS, TIREURS DE VERRE, GAMINS. — Trois équipes faisant 8 heures. Arrêt le dimanche à 2 heures.

GAZIERS. — Trois équipes faisant douze heures.

Autres services. — Travail de jour seulement.

Verrerie à vitres ordinaire. — *Service des fours.* — Trois équipes faisant huit heures et demie de présence, dont une demi-heure de repos. Le roulement a lieu en un peu plus de vingt-quatre heures. L'équipe B, par exemple, qui cesse le travail à 5 h. 1/2 du soir le samedi, recommence le lundi à 5 heures du matin et suit l'horaire de l'équipe A. Chaque équipe commence ainsi à travailler le lundi à 5 heures du matin toutes les trois semaines. La durée du repos hebdomadaire est d'environ trente-six heures. En réalité, plusieurs verreries prolongent la durée des trois dernières équipes de la semaine pour cesser le travail à 2 heures le dimanche. Le repos hebdomadaire est alors de trente-quatre heures.

GAZIERS. — Trois équipes de 12 heures. Postes suivis d'un repos de 24 heures.

ETENDERIES. — Tantôt il y a trois équipes de douze heures, avec vingt-quatre heures de repos ; tantôt trois équipes de huit heures. Arrêt du dimanche matin au lundi matin. L'arrêt ne commence parfois que le dimanche à 2 heures.

Les enfants sont organisés en deux postes, un de jour et un de nuit. Dans les usines où il existe les trois équipes de huit heures, les enfants sont embrigadés de la même façon.

Tout récemment, dans certaines verreries, on a organisé le service des étenderies de la façon suivante : les étendeurs suivent le régime des souffleurs. Quant aux enfants, ils sont à deux équipes de dix heures, une de jour, l'autre de nuit.

L'organisation qui porte la durée du roulement des trois équipes à plus de vingt-quatre heures est spéciale à Aniche. Ailleurs, la période est exactement de vingt-quatre heures. (Marchiennes, etc.)

Verreries à bouteilles. — Soufflage.— Deux systèmes, à deux équipes ou à trois. A deux équipes, la durée du travail est de dix heures avec repos, jour et nuit. L'équipe de jour fait le poste de dix heures et un demi-poste de cinq heures le dimanche. L'équipe de nuit fait six nuits. Repos hebdomadaire : jour, vingt-huit heures ; nuit, vint-cinq heures.

Trois équipes. Commencement, 5 heures du matin, changements à 1 heure et à 9 heures du soir ; arrêt le dimanche, de 2 heures du soir au lundi 5 heures du matin.

GAZIERS. — Deux équipes, douze heures par poste. Le dimanche, les gazogènes sont entretenus par le chef gazier qui prend son repos le lundi.

A Fourmies et à Anor, le travail cesse le dimanche matin à 2 heures pour ne reprendre que le lendemain à la même heure avec trois équipes (huit heures par poste).

II. — A L'ÉTRANGER

a) Angleterre

L'industrie métallurgique anglaise (1) comprend les opérations suivantes : Pig iron manufacture, Blast furnaces (hauts fourneaux pour la préparation de la fonte), Iron puddling (puddlage), Steel works by the Bessemer and open Hearth processes (préparation de l'acier par les procédés Bessemer et les fours à soles); Tinplate and rolling with forging of iron and steel (laminoirs à tôles, à profilés ainsi que les grosses forges pour le fer et l'acier) (2).

Hauts fourneaux. — On trouve des hauts fourneaux dans le Durham et le Cleveland, le Cumberland et le Lancashire, dans le sud et le sud-ouest du Yorkshire. Il en existe aussi dans le Midland : Derby, Nottingham, Leicester, Lincoln, Northampton, Stafford et Worcester ; dans le sud du pays de Galles et le Mammouthshire ainsi que dans le Lanarckshire et l'Ayshire en Ecosse.

---

(1) Aux Etats-Unis, l'industrie métallurgique comprend les mêmes opérations.

(2) Cette énumération devient nécessaire en allemand, afin de bien définir ce qu'on entend par métallurgie.

Dans le Durham, le Cleveland, le Cumberland ainsi que dans le nord du Lancashire, presque toutes les équipes font trois postes de huit heures. C'est à ce groupe qu'appartient l'usine visitée, en juin dernier, par quelques membres de la délégation : MM. Bolchow Vaughan's Iron and Steel works, à Middlesborough-on-Teen.

Dans le reste de l'Angleterre, la journée de huit heures existe seulement dans quelques établissements. Elle est de douze heures dans tous les autres.

IRON AND STEEL WORKS. — Principalement dans le nord-est de l'Angleterre et aussi dans le Yorkshire, le Cumberland, le Lancashire, les Midlands, la Galles du Sud, le Mammouthshire, le Lanarkshire.

On pratique partout le système à deux équipes avec poste de douze heures. La journée commence à six heures du matin le lundi. Les changements de poste se font à six heures du matin et à six heures du soir. Le samedi, on arrête, suivant les cas, de midi à six heures du soir.

TINPLATE (LAMINOIRS). — On les trouve presque tous dans le sud du Pays de Galles, dans le Mammouthshire et le Gloucestershire :

1° Laminage à chaud. Les chauffeurs, les gaziers, les lamineurs et leurs aides sont presque tous organisés d'après le système des trois équipes de huit heures.

2° Laminage à froid, organisé en deux équipes de douze heures.

Pour tous les ouvriers faisant huit heures (environ 12.000), chaque ouvrier travaille, sur trois semaines, six fois le matin, cinq fois le soir et cinq fois la nuit.

Verreries. — Verreries à bouteilles. — Il en existe surtout dans le Yorkshire, à Castleford et à Saint-Helens, dans le sud du Lancashire. Il en existe aussi sous forme d'unités détachées : à Charlton, près de Londres (probablement journée de huit heures), à Sunderland, à Seaham Harbour, Glasgow, Dublin et Belfast.

La longueur du poste est de dix heures et demie ou onze heures, y compris les repos qui sont irréguliers, et de une heure à une heure et demie. Il y a deux équipes qui ne travaillent jamais plus de cinq jours et cinq nuits par semaine. La fabrication est donc arrêtée pendant deux jours par semaine.

Pendant ces deux jours, les équipes de chauffeurs sont dédoublées, de façon que chaque équipe a un jour de repos.

Dans le district de Londres (sauf peut-être Charlton, que la délégation n'a pu visiter), le nombre des postes par quinzaine est de 11 : 6 postes de jour et 5 de nuit.

Flint glass. — On en trouve à Brierley Hill, à Stourbridge, dans les environs de Birmingham, ainsi qu'à Londres, à Glasgow et vers la Tyne.

Dans les premières, le travail est continu pendant quatre jours et quatre nuits par semaine. Chaque ouvrier fait huit postes de six heures, y compris une demi-heure de repos.

Ailleurs, il y a neuf postes au lieu de huit.

Les chauffeurs ont des postes de douze heures, avec, parfois, une équipe de relais pour le repos hebdomadaire.

Sheet glass (verre à vitres), à Saint-Helens, Glasgow.

Dans ces usines, le travail est organisé en trois équipes faisant chacune huit heures. Il y a six postes de huit heures par semaine pour chaque ouvrier.

La fabrication s'arrête le samedi entre quatre heures du soir et minuit.

Les chauffeurs forment deux équipes de douze heures,

mais ils ont un repos chaque semaine, soit le samedi, soit le dimanche.

Plate glass (verre pour glaces). — Les mouleurs font dix heures, avec des repos irréguliers.

Les polisseurs font, par semaine, cinq postes de douze heures et un poste de sept heures (le samedi).

Papeterie. — Je n'ai pas de renseignements précis.

Produits chimiques. — Plusieurs usines auraient organisé le travail par trois équipes de huit heures, entre autres celle de M. Crossfield.

b) Allemagne

Les travaux correspondants à ce que nous désignons sous le nom de métallurgie du fer sont les suivants : Hochofenwerke (hauts fourneaux), Roehrengiesserein (fonderies de tuyaux en fonte), Thomas und Bessemerstahlwerke (aciéries Thomas et Bessemer), Martinstahlwerke (aciéries Martin), Tiegel und andere stahlwerke (acier au creuset et autres), Puddelwerke (puddlage), Hammer und Presswerke (pilonnage et pressage), Walzwerke (laminoirs).

D'après le dernier rapport de l'inspection du travail pour la Prusse (1) pour l'année 1910, on constate que, en ce qui concerne les hauts fourneaux, 261 ouvriers travaillent huit heures par jour; 28,529, douze heures. Dans les ateliers de réparations, 1,827 ouvriers faisaient douze heures et 15 treize heures.

Dans les fonderies de tuyaux, 182 ouvriers font onze heures trois quarts; 4,220, douze heures; et 5, 13 heures. Ateliers de réparations : 438 ouvriers font douze heures.

(1) Iahresberichte der gerverbe-Aufsichts beamten und Bergbehorden für das Jahr 1910. Band 1 Preussen.

Aciéries Thomas et Bessemer : 6.328 ouvriers travaillent à deux équipes de douze heures, il en est de même pour les réparations : 320 ouvriers.

Aciéries Martin : 382 ouvriers travaillent onze heures ; 650, onze heures trois quarts ; 18,151, douze heures ; 128, douze heures et demie. Ateliers de réparations : 613 ouvriers font douze heures.

Acier au creuset et autres : 65 ouvriers font onze heures ; 2,473 en font douze, ainsi que 26 mécaniciens pour les réparations.

En ce qui concerne le district de Trèves, on trouve les renseignements suivants : travailleurs de l'acier : 110 ouvriers, onze heures et demie ; 2,719, douze heures.

Puddlage : 4.571 ouvriers de la fabrication et 180 mécaniciens, douze heures.

Pilonage et presse : 160, onze heures et demie ; 8,548, 12 heures ; 7, douze heures et demie ; 23, 13 heures.

Laminoirs : 1,779 ouvriers font huit heures ; 157, onze heures et demie ; 66,567, douze heures ; 17, douze heures et demie ; et 60, treize heures. Réparations : 20 ouvriers font onze heures et demie ; 4,105, 12 heures, et 66, treize heures.

En Lorraine annexée, la journée de douze heures existe partout : il y a 6 hauts fourneaux avec 2,827 ouvriers ; 8 autres usines avec 15.672 ouvriers.

On peut donc dire qu'il y a dans toute la Prusse à peine un pour cent des ouvriers de la métallurgie du fer qui jouissent de la journée de huit heures (exactement 0,938 pour cent).

Fonderies de plomb. — D'après la loi allemande, les ouvriers occupés aux fours à cuve, dans lesquels on traite le minerai de plomb, ne doivent être employés que huit heures par jour, sauf les ouvriers du gueulard. Il en est de même pour les ouvriers qui réparent les fours refroidis, qui vident les chambres et les canaux de condension. Pour ceux-ci, le poste ne doit pas avoir une durée de plus de 4 heures.

Pour donner quelques exemples : à la Bleihütte Münsterbusch (A. G. für Bergwerks-und Hüttenbetrieb zu Stolberg und Westfalen), on compte 120 ouvriers ; au four à cuve 28, au grillage 26, à la fusion 30, à la raffinerie 5 ; 6 sont des chargeurs et 25 des manœuvres ; au four à cuve, 12 ouvriers sont soumis à la règle des huit heures. Le dimanche, une équipe ne marche pas, les deux autres faisant douze heures. Au gueulard, il y a 16 ouvriers qui font douze heures. L'équipe de nuit, qui commence le samedi à 6 heures du soir, va jusqu'au dimanche matin 7 heures, et se repose jusqu'au lundi matin. L'équipe de jour est partagée en deux : une moitié travaille du dimanche matin au dimanche soir, l'autre moitié va du dimanche soir au lundi matin.

Les 26 ouvriers du grillage sont partagés de la même façon en deux équipes faisant 12 heures. Le dimanche, 4 seulement sont occupés, 2 de jour et 2 de nuit.

A la fonderie, il y a 30 ouvriers occupés en deux équipes de 12 heures. Dimanche, repos.

Les chargeurs de scories sont également organisés en deux équipes de 12 heures.

A la raffinerie de même, avec le travail de 24 heures tous les deux mois pour l'alternance des équipes.

Il en est à peu près de même à la Bleihütte « Binsfelder Hammer ».

Fonderies de zinc. — Les 23 fonderies de zinc allemandes travaillent d'après deux procédés différents : le four silésien et le four liégeois ; le premier n'est guère employé que dans le district d'Oppeln.

A la fonderie de zinc de Stolberg (Zinkhütte Munsterbusch), 450 ouvriers environ sont occupés : 160 fondeurs, 20 gaziers, 80 chauffeurs, 20 aides, 15 chargeurs de scories, 10 manœuvres et environ 100 lamineurs.

Les 160 fondeurs travaillent en semaine 8 heures par jour, de 4 heures du matin à midi. Le dimanche, de 2 heures du matin à 8 heures. Quand un ouvrier fait défaut les camarades doivent le remplacer. Les 20 gaziers sont organisés en deux équipes de 12 heures, qui font une fois sur deux 24 heures le dimanche pour alterner.

Les chauffeurs, partagés en deux équipes de 12 heures, alternent le dimanche comme suit : la moitié d'une équipe travaille du dimanche matin 7 heures jusqu'au soir 6 heures ; l'autre moitié reprend à 6 heures jusqu'au lendemain lundi 6 heures du matin. Les autres 40 ouvriers ont repos du dimanche matin 7 heures jusqu'au lundi matin 6 heures.

Les aides, au nombre de 20, sont en réalité des jeunes gens âgés de plus de 16 ans ; ils font les mélanges, apportent le charbon et remplacent les fondeurs de midi à 4 heures du soir pour la surveillance des fours ; durée du travail de chaque équipe, 12 heures. Le dimanche, il n'y a pas d'aides de 7 heures du matin à 1 heure ; à cette heure-là, la moitié de ces ouvriers reprennent le travail jusqu'au lundi matin 6 heures, soit pendant 17 heures.

Les 15 rouleurs de cendre travaillent de 8 à 9 heures en semaine et 4 heures le dimanche. Les 40 manœuvres sont occupés de 6 heures du matin à 6 heures du soir en semaine et le dimanche entre 6 et 7 heures.

Enfin les lamineurs travaillent en équipes de 12 heures (deux). Le dimanche, le travail est suspendu pour l'alternance.

De tous ces ouvriers, seuls les manœuvres ont des

repos réguliers, les autres ne se reposent que suivant les conditions du travail.

La même organisation existe à la Zinkhütte Birkengang, à Stolberg.

Système d'alternance. — Dans les travaux à marche continue, la loi allemande prescrit un repos de 24 heures tous les quinze jours, ou de 36 heures toutes les semaines, ou, enfin, lorsque le travail du dimanche n'est pas supérieur à 12 heures, 36 heures un dimanche sur 4. En général, voici ce qui se passe : l'équipe de nuit arrête son travail le dimanche matin à 6 heures et ne le reprend que 24 heures après ; mais, le dimanche suivant, elle travaille pendant la même période, c'est-à-dire pendant 24 heures. C'est le cas général pour les hauts fourneaux. Cependant, il y a des exceptions, soit en diminuant la longueur du poste, soit en introduisant une équipe de relais (1) ; exemples : Burbacher Hütte, Stummsche Werk Neunkirchen, Voelklinger Hütte, etc. Ces systèmes ont été déjà énumérés pour la France.

Produits chimiques. — Je n'ai trouvé aucun exemple d'une usine fonctionnant à trois équipes de huit heures.

Verreries. — L'organisation par équipes de huit heures n'est pas très répandue, si même elle existe. Il y a deux équipes. Dans plusieurs verreries à bouteilles il n'y a que des hommes.

A Stralaon, le repos du dimanche est alternativement de 26 à 50 heures ; à Gerresheim, chaque ouvrier fait 7 postes par semaine. Le travail commence le dimanche soir à 8 heures pour finir le dimanche suivant entre 4 et 6 heures, ce qui fait une moyenne de 11 heures par ou-

(1) Composée du dédoublement ou plutôt du tierçage des autres équipes.

vrier, à moins que les renseignements soient incomplets et qu'il n'y ait que 6 postes la semaine suivante, ce qui paraît vraisemblable, étant donné l'arrêt du dimanche ; dans ce cas la durée moyenne par équipe serait de 12 heures, y compris, bien entendu, les repos.

Le repos du dimanche est imposé par la loi.

Heures supplémentaires. — D'après une ordonnance (29 décembre 1908), les industriels allemands de la grande industrie du fer (hauts fourneaux, fonderies de première fusion et de tuyaux, aciéries, ateliers de puddlage, forges et laminoirs) doivent tenir une comptabilité des heures supplémentaires et des heures de repos. L'article 2 de cette ordonnance est ainsi rédigé : Dans tous les postes qui durent plus de 8 heures, il doit être assuré à chaque ouvrier des repos d'une durée totale de deux heures au moins. Les interruptions de travail de moins d'un quart d'heure ne comptent pas comme repos (à moins d'exception).

Un des repos doit être au moins d'une heure et tomber entre la fin de la cinquième heure de travail et le commencement de la neuvième.

Dans certains cas (indiqués) et si la durée du poste n'excède pas 11 heures, la durée des repos peut être d'une heure.

§ 4. — Avant le commencement du travail, chaque ouvrier aura un repos de 8 heures au moins. Cela ne s'applique pas à l'alternance des équipes.

Il doit être tenu, pour chaque ouvrier, un état qui sera envoyé chaque mois à l'autorité administrative, indiquant la durée normale du travail et des heures supplémentaires.

C'est en vertu de cette disposition que les rapports de

l'inspection pour 1910 ont publié l'importance de ces heures supplémentaires, lesquelles sont d'ailleurs légales en vertu de dispositions analogues à celles de notre décret du 28 mars 1902. L'importance de cette disposition n'échappera à personne et montrera (ce qu'aucune législation n'a permis de faire) combien ces heures sont nombreuses. Il doit être également tenu compte des heures supplémentaires pour le dimanche. (Art. 4 de notre loi du 13 juillet 1906 sur le repos hebdomadaire.)

Voici ce que je trouve à ce propos dans les rapports susmentionnés :

En 1909, 40,1 °/₀ des ouvriers occupés dans les usines de la grande industrie du fer ont fait des heures supplémentaires; en 1910, 44,2 °/₀. Pour chaque ouvrier, il y a eu, en moyenne, 12,8 heures supplémentaires par mois, en 1909; en 1910, 18,1 heures.

En Prusse, pendant l'année 1910 et en ce qui concerne les hauts fourneaux, il y a eu 6,719 ouvriers, c'est-à-dire 23,3 °/₀, qui ont dû faire des heures supplémentaires. En Lorraine, 695, c'est-à-dire 24,5 °/₀. Sur 8,760 heures qui sont contenues dans l'année 1910, chaque ouvrier a dû faire 4,600 heures de travail, sans tenir compte du temps employé pour aller à l'usine, en revenir, s'habiller, etc.

Pour les aciéries Thomas et Bessemer, 67,2 °/₀ des ouvriers ont fait des heures supplémentaires; pour les fonderies de première fusion, 51 °/₀; pour les aciéries Martin, 50,7 °/₀; les aciéries au creuset, 49,8 °/₀, etc. En ce qui concerne les ateliers de réparation joints à ces usines, les chiffres sont encore plus élevés.

La durée de ce travail supplémentaire, s'ajoutant à la journée normale, est également évaluée. Pour cent cas d'heures supplémentaires :

25,2	pour cent	sont d'une heure ;			
36,	»	d'une heure à deux heures ;			
8,6	»	de 2	»	3	»
7,8	»	de 3	»	4	»
3,	»	de 4	»	5	»
5,1	»	de 5	»	6	»
2,1	»	de 6	»	7	»
12,2	»	de plus de sept heures.			

c) Autriche

Métallurgie du fer. — HAUTS FOURNEAUX. — Environ 53 °/₀ du personnel des hauts fourneaux forme deux équipes ayant chacune 12 heures de travail et 18 heures au moment de l'alternance. Les autres ouvriers organisés aussi en équipes de jour et de nuit font 41 postes en 48 jours, ou 10 postes par 11 jours ou encore 13 postes pour 14 jours.

CHAUFFEURS. — Deux équipes, postes de 12 heures, alternance par 18 heures pour 35 °/₀ des ouvriers. Pour les autres, repos de 24 heures consécutives par semaine.

FOURS A COKE. — Deux équipes, chacune de sept postes par semaine. Alternance par 18 heures chaque semaine.

ACIÉRIES THOMAS ET BESSEMER. — Repos le dimanche de 12 à 32 heures.

ACIÉRIES MARTIN. — En moyenne, 6 postes 1/2 par semaine, c'est-à-dire 7 postes une semaine, 6 postes la semaine suivante. 83,5 °/₀ des ouvriers ont un repos de 24 heures suivies le dimanche. Les autres ont 6 postes et 36 heures de repos.

ACIER AU CREUSET, ÉLECTRO-MÉTALLURGIE. — Là où le travail n'est pas arrêté le dimanche, l'alternance se fait par 18 heures. Dans un cas, les équipes ne font que 9 heures (30 °/₀ des ouvriers travaillant sans arrêt). Dans les usines où l'on arrête le dimanche (70 % des ouvriers), l'arrêt varie entre 12 et 28 heures.

Ateliers de puddlage. — Arrêt d'au moins 24 heures le dimanche (60 % des ouvriers). Arrêt de 32 heures (27,4 %). Arrêt de 12 heures seulement (12,6 %).

Laminoirs. — Arrêt le dimanche pendant au moins 24 heures. Partout deux équipes faisant 6 postes par semaine.

Machinistes et chauffeurs. — Deux équipes, postes de 12 heures, alternance par 18 heures.

On ne signale le travail par 3 équipes de 8 heures que dans un laminoir à tôles minces et un puddlage (857 ouvriers). Dans ces deux établissements, il y a arrêt le dimanche.

Fonderies de plomb. — A Przibramer Hütte (500 ouvriers), la journée de 8 heures (3 équipes) existe pour la plus grande partie des ouvriers depuis 1879. Pour les autres, c'est la journée de 12 heures (2 équipes).

A Scheriau en Carinthie (100 ouvriers), durée du travail des grilleurs, 4 ou 5 heures en 3 équipes. Aux fours Pilz, deux équipes de 12 heures avec alternance de 18 heures.

Fonderies de zinc. — Zinkhütte Cilli, à Steiermarck (221 ouvriers). Comme dans les autres fonderies de zinc, l'organisation du travail est un peu différente que dans les autres usines à marche continue, sauf pour les chauffeurs qui sont groupés en deux équipes faisant 12 heures.

Chaque four de distillation exige l'emploi de 10 hommes : brigadiers, fondeurs, aides, etc. Pour l'usine entière ayant cinq fours en activité, il y a 50 ouvriers. Le travail commence en été à 3 heures du matin, en hiver à

4 heures et dure jusqu'à environ 10 ou 11 heures, ce qui correspond à 7 heures de travail. Le brigadier commence une heure plus tôt et finit une heure plus tard.

Les chargeurs de cendres travaillent de 11 heures du matin à 6 heures du soir, soit 7 heures.

A la poterie (four), il y a 2 équipes de 12 heures.

Verreries. — Verreries à vitres. 28 de ces établissements occupent à peu près 3,000 ouvriers. Les ouvriers des fours : souffleurs et leurs aides, ainsi que ceux des fours à recuire (kühlofen) sont occupés à chaque poste de 8 heures à 11 h. 1/2, y compris un repos de 3/4 d'heure à 1 h. 1/4. De sorte que la durée moyenne effective du travail est de 8 h. 3/4. On retrouve dans quelques usines l'organisation d'Aniche, mais sous forme de deux équipes alternantes se partageant le cycle des postes qui embrasse un peu plus de 24 heures.

Dans les unes, le travail commence le lundi matin à 2 heures et finit le samedi à 10 heures ; dans les autres, il commence le lundi à 6 heures pour finir le dimanche matin à 2 ou 3 heures. En réalité, la durée moyenne hebdomadaire du travail d'une équipe est de 58 h. 3/4, y compris les repos.

Les fondeurs n'ont pas de repos hebdomadaire, mais les temps de repos dans le cours de la journée sont plus nombreux.

Verreries à bouteilles. — Il y a 17 flaconneries occupant 4,000 ouvriers. Dans une fabrique de bouteilles pour « soda », les souffleurs ne dépassent pas 8 heures, y compris les repos, chaque ouvrier jouissant d'un repos ininterrompu de 16 h. 3/4 à 18 heures après chaque période de travail.

Dans d'autres verreries la durée varie entre huit heures et demie et dix heures et demie, ce qui, en déduisant les repos, amène le travail effectif à sept heures trois quart ou huit heures et demie.

Un grand nombre ne travaillent que le jour (flaconneries.)

Le soufflage mécanique est appliqué dans plusieur usines. Dans l'une il y a trois équipes faisant chacun douze heures de présence.

Verreries, glaceries. — Y compris les pauses, la duré du travail varie de huit à dix heures suivies de vingt quatre à trente-trois heures de repos. Par mois on compt de dix-sept à vingt et un postes pour chaque ouvrier e environ cent soixante-sept heures de travail. On travaill le dimanche comme la semaine. Le travail est fait pa quatre équipes dans certains cas. Chaque équipe fai huit heures et est suivie par les trois autres, de sorte qu le repos interruptif est de vingt-quatre heures.

Une usine est pourvue d'une équipe de relais qui assur le repos hebdomadaire de chaque ouvrier.

Les étendeurs sont organisés tantôt en trois équipes d huit heures, tantôt en deux équipes faisant douze heure en un seul ou en plusieurs postes.

Les fondeurs ont de longues journées suivies d'un lon repos. Dans certaines usines il y a de quinze à seiz fusions par mois. Chaque fusion réclame la présence d fondeur pendant vingt-cinq heures et de ses aides pen dant vingt-deux heures. Ce travail est suivi de vingt deux heures de repos pour les fondeurs et de vingt-cin heures pour les aides.

Chauffeurs de four. — Dans une étude de Karl Hauc et de Franz Kailes il a été relevé treize systèmes d'orga nisation d'équipes. Dans cinquante-sept usines existe l système à deux équipes de douze heures partant d 6 heures du matin à 6 heures du soir. L'alternance se fa par dix-huit heures dans trente et une usines; dans quinze autres ceci est évité par deux équipes de relais; dans huit verreries les chauffeurs ont une alternance par vingt-quatre heures; enfin trois ont une équipe de relais faisant douze heures.

Dans une usine l'équipe de jour fait onze heures, l'équipe de nuit treize heures; le samedi, l'équipe de nuit fait dix-huit heures suivies d'un poste de sept heures par la seconde équipe.

d) **Belgique** (1)

D'après un recensement datant de 1896, le travail à marche continue existait dans

7 laminoirs à zinc sur 8;
12 fonderies de zinc sur 12;
6 aciéries sur 9;
29 fabriques de fer sur 30;
16 fabriques de produits chimiques sur 16;
11 laminoirs à acier sur 13.

Il était interrompu le dimanche dans les laminoirs à zinc et les fabriques de fer.

Fonderies de zinc. — Même organisation du travail qu'en France.

Laminoirs. — A Coloustes, une usine a essayé d'organiser les trois équipes de huit heures. L'essai n'a duré que six semaines, probablement à cause de l'abaissement du salaire des ouvriers et de la diminution de la production, le nombre des ouvriers composant chaque équipe ayant été diminué et l'outillage étant resté le

(1) D'après un mémoire manuscrit de M. Émile Waxweiler, 1912. Ce travail est très intéressant, quoique fort incomplet, à cause du petit nombre relatif des usines ayant répondu.

même. Le personnel des fours et des trains n'était pas partisan, paraît-il, du travail à trois équipes.

Produits chimiques. — Grillage des blendes et fabrication de l'acide sulfurique. Trois équipes de huit heures, mêmes résultats qu'à Auby, avec cette différence qu'ils ont été reconnus publiquement (1).

Verreries à vitres. — On trouve les organisations suivantes :

a) 3 équipes de 12 heures;
b) 3 — de 11 heures avec repos d'une heure;
c) 3 — de 10 heures.

Dans tous les cas le travail se poursuit le dimanche. Pour expliquer cette organisation du travail, les patrons donnent deux raisons : la difficulté de conserver les « canons » sans les faire passer de suite à l'étenderie ; la nécessité pour les verriers belges de maintenir très bas les prix de fabrication afin de pouvoir exporter, la Belgique étant trop petite pour absorber la production, à beaucoup près.

Verreries à bouteilles. — Un exemple à trois équipes de huit heures dans deux usines avec une demi-heure de repos irréguliers. Aux fours, trois équipes de dix heures avec une heure de repos irréguliers.

Pas de repos le dimanche.

e) **Finlande**

En Suède et en Norvège, la métallurgie est, en réalité, peu développée, ainsi que la verrerie. Il en est de même

---

(1) Voir Fromont, volume publié par l'Institut de sociologie Solvay, 1906. Cet exemple a été reproduit à Auby (France) pour la même industrie et a donné les mêmes résultats.

en Finlande. Par contre, on y trouve de nombreuses scieries, des papeteries et des fabriques de pâte de bois. Si nous nous en tenons à la Finlande, nous voyons que pour ce pays l'exportation a été de : en tonnes, pendant l'une de ces dernières années :

	bois	pâte	papier
Russie............	13.426	10.701	85.195
Danemark		2.506	1.359
Allemagne	12.022	2.507	6.332
Angleterre........	29.086	17.976	13.319
Hollande..........	4.000	3.960	—
Belgique..........	5.510	1.888	—
France............	12.268	—	—

En ce qui concerne l'organisation à deux ou à trois équipes, voici les renseignements fournis par le délégué de la Finlande :

	Nombre des établissements à marche continue	Nombre des ouvriers occupés	Deux équipes de douze heures	Nombre des ouvriers	Trois équipes de huit heures	Nombre des ouvriers
Industrie des métaux.	10	525	8	483	2	42
Verreries (1)..........	4	62	3	56	1	6
Produits chimiques...	2	26	1	4	1	22
Pâte de bois..........	61	5.256	42	3.931	19	1.325
Papier.................	62	5.272	43	3.947	19	1.323
Scieries...............	120	8.050	119	8.047	1	»
Menuiserie mécanique.	117	7.961	117	7.961	»	»

Dans les établissements à deux équipes de 12 heures, l'alternance se fait par 24 heures.

Les scieries et la menuiserie mécanique ne travaillent jour et nuit qu'en été et au commencement de l'automne. La durée du travail est particulièrement longue là où il n'y a pas de roulement d'équipe et même avec deux

(1) Il existe en tout 8 verreries occupant 1,108 ouvriers.

équipes. Ainsi on constate assez fréquemment que les ouvriers font des heures supplémentaires; une journée fréquente est celle de 14 heures.

Le travail à trois équipes est souvent accompagné du travail à deux équipes, dans le même établissement; c'est ainsi que dans la fabrication proprement dite de la pâte de bois il y a deux équipes, mais pour les chauffeurs, les cuiseurs, les ouvriers de l'acide ou de la soude, il y a 3 équipes.

L'alternance pour les trois équipes a lieu d'après la coutume générale : 6 heures, 2 heures et 10 heures.

Dans le papier, il y a un repos le dimanche, au moins 24 heures.

Au printemps 1907, il y eut un changement important dans la durée du travail des ouvriers de la firme Kymmene Aktiebolag qui possédait les trois plus grandes usines du pays (2,600 ouvriers) et à la suite d'une entente avec le personnel. Le travail à deux équipes fut transformé en travail à trois équipes. Cet exemple fut suivi naturellement par un certain nombre d'autres fabriques moins importantes.

Mais deux ans plus tard, c'est-à-dire vers la fin de 1909 et au commencement de 1910, les conjonctures sur lesquelles avait été établie la journée de huit heures n'ayant pas été favorables à l'expérience, on revint à la journée de douze heures ; la journée de huit heures ne fut conservée que dans certains ateliers (1).

f) Italie

L'industrie métallurgique italienne a pris un développement récent très actif, mais n'a pas encore une grande

(1) Inzwischen veraenderten sich aber die Konjunkturen im Laufe der zunächst darauf folgenden Jahre und die genanten Fabriken sahen sich gezwungen zur Arbeit in zwei Schichten zurückzugehen.

importance. La durée du travail y est de douze heures par deux équipes avec alternance par dix-huit ou vingt-quatre heures. Les industriels italiens sont fortement opposés à l'établissement de la journée de huit heures. Les motifs qu'ils donnent sont les suivants : élévation du prix du charbon, augmentation du prix de la main-d'œuvre.

En ce qui concerne l'électrochimie et l'électrométallurgie assez développées en Italie, les délégués italiens n'ont pas de renseignements positifs sur la durée du travail. Il semble cependant qu'à l'encontre de ce qui se passe de l'autre côté des Alpes, en France, la journée de douze heures est générale.

Les détails donnés sur les verreries sont peu abondants : la journée ne dépasserait pas 9 h. 1/2 (travail effectif) ; elle serait de 12 heures pour les ouvriers occupés à la composition du verre, aux gazogènes et aux fours à recuire les bouteilles.

Le repos hebdomadaire de vingt-quatre heures existe.

III. — CONSÉQUENCES ÉCONOMIQUES DU SYSTÈME A TROIS ÉQUIPES

Sur le coût de la production. — L'élévation du prix de la production par l'établissement du système des trois équipes de huit heures a été calculée par un des délégués allemands, Herr Franz Wieber, à propos des hauts fourneaux. Voici son argumentation. Il y a actuellement en Allemagne 28,000 ouvriers occupés de jour et de nuit en deux équipes. L'addition d'une équipe supplémentaire augmenterait ce personnel de 14,000 ouvriers, en supposant que chaque équipe conservât la même importance, ce qui n'est exact que dans les hauts fourneaux modernes. Si le salaire moyen est de 1,500 marks par ouvrier (1,875 fr.), cela fait une augmentation de salaire de 26,250,000 fr. Etant donné que la valeur de la fonte produite (Roheisenproduktion) a été de 824 millions de marks en 1907 (1 milliard 30 millions de francs), cela fait une augmentation de 2,54 pour cent. Or, les dividendes distribués seraient de 10, 20, 30 et jusqu'à 50 pour cent.

Par le même calcul, Herr Wieber déclare que, pour les aciéries et pour les autres usines de la grande industrie métallurgique, l'augmentation de salaire ne dépasserait pas 64 millions de marks et ne grèverait pas la production d'un pourcentage supérieur à 3 ou à 4 pour cent.

Il est à remarquer que, dans ce calcul, n'entre pas en jeu le perfectionnement de l'outillage, dont l'effet serait de ne pas obliger l'industriel à augmenter le nombre des ouvriers dans une aussi forte proportion.

A Auby (Nord), le directeur de l'usine m'a déclaré que l'organisation des trois équipes de huit heures ne lui avait fait éprouver aucune perte, l'augmentation de la production ayant compensé l'augmentation de salaire consentie à ses ouvriers passant d'une journée de douze heures à une journée de huit heures, augmentation qui s'est cependant traduite par une élévation de leur nombre.

La même déclaration a été faite dans une usine analogue en Belgique, ainsi qu'en témoigne une publication officielle.

Les délégués représentant les ouvriers métallurgistes anglais ont déclaré que les salaires sont les mêmes dans les hauts fourneaux du nord de l'Angleterre où l'on ne fait que huit heures et dans les usines métallurgiques du sud du pays de Galles qu'ailleurs, parce que peu à peu les conditions de la production ont été améliorées, l'outillage a subi une modification importante et la production par ouvrier est restée la même, bien que la journée ait été réduite d'un tiers.

Sur les accidents. — Il est vraisemblable que le nombre des accidents par 1,000 ouvriers employés doit être plus réduit avec la journée de huit heures qu'avec celle de douze heures.

Sur l'état sanitaire des ouvriers. — Même remarque, mais il est impossible d'en établir la preuve matérielle. Cependant on a constaté que l'intervalle de seize heures qui existe entre deux postes pour chaque ouvrier dans les fonderies de plomb, dans les fonderies de zinc en Allemagne, a une influence très sensible sur la santé des ouvriers. C'est d'ailleurs une sorte d'axiome médical que la cure d'air est le meilleur moyen de reproduire les globules sanguins que la vie dans un milieu toxique soumet à des épreuves telles que l'anémie en est presque toujours la conséquence.

Lors de l'enquête prescrite par le gouvernement autrichien dans les fonderies de plomb de la Carinthie et de la Bohême, la Commission a constaté que, dans l'une d'entre elles, les conditions générales d'hygiène laissaient fort à désirer et cependant il y avait moins de saturnins là qu'ailleurs, parce que le travail était organisé en trois équipes de douze heures; ce qui donnait pour chaque équipe, après douze heures de travail, vingt-quatre heures de repos.

Dans les Alpes, où sont établies des usines électro-métallurgiques et électrochimiques, chaque ouvrier peut se reposer convenablement et il a le temps de se consacrer à la culture de son jardin; partout on a constaté les meilleurs effets de ce régime.

M. Crossfield (un des délégués patronaux anglais à la commission de juin dernier) déclare qu'à ses yeux l'amélioration de l'état sanitaire des ouvriers ne fait aucun doute chez lui.

Influence sur les salaires. Craintes de grèves. — Il n'est pas douteux que, si un régime légal venait instituer la durée légale de huit heures, un certain nombre de patrons s'efforceraient de conserver le salaire de leurs ouvriers par l'amélioration des méthodes de production et par des sacrifices personnels, surtout pendant les premières années qui suivraient la réforme ; mais il est non moins douteux que d'autres n'en feraient rien et escompteraient le mécontentement des ouvriers pour faire échec aux prescriptions légales. En pratique, un abaissement des salaires n'est guère à craindre, étant donnée la pénurie de la main-d'œuvre.

Il y a lieu de noter que cette pénurie de la main-d'œuvre semble être générale, mais qu'elle est plus intense en France qu'ailleurs. C'est en France que l'on trouve le plus grand nombre d'ouvriers étrangers dans les usines à marche continue.

IV. — RÉSUMÉ

Métallurgie. — Il n'y a guère, en réalité, qu'en Angleterre où l'on ait observé la journée de huit heures autrement qu'à l'état d'exception. Dans la métallurgie proprement dite (Blast-furnaces, rolling mills), 20.000 ouvriers environ jouissent de cette journée de huit heures.

En Allemagne, il n'existe pour ainsi dire aucun exemple ; par contre, il y a une législation sur la durée du travail et sur les repos ; mais cette législation prévoit des heures supplémentaires dont le chiffre semble montrer qu'il y a abus, si on le compare avec ce qui se passe dans les usines similaires des autres pays.

En France, la journée de huit heures n'existe que dans l'électrométallurgie.

En Belgique, elle n'existe pas.

En Italie, les industriels y sont fortement opposés.

En Autriche, c'est à peu près le même régime qu'en Allemagne, bien qu'il n'y ait, je crois, aucun règlement sur les heures supplémentaires.

Verrerie. — En France, la journée de huit heures est très répandue tant dans les verreries à bouteilles que dans les verreries à vitres et même dans les verreries mécaniques. Elle l'est beaucoup moins pour les étenderies et le chauffage des fours. Dans les fours à pots, la journée ne dépasse souvent pas huit heures. Le repos hebdomadaire est toujours d'au moins 24 heures.

En Angleterre, les ouvriers préfèrent allonger le repos hebdomadaire et ne faire que 48 heures dans la semaine, au plus 50 heures.

En Allemagne et en Autriche, le système des deux équipes paraît dominer et l'on travaille très généralement douze heures dans les étenderies et pour l'entretien des feux. Le repos hebdomadaire existe. A noter que l'Allemagne est le pays qui fait la plus vive concurrence aux verreries de France pour la bouteille.

En Italie, la durée du travail effectif ne dépasse pas neuf heures et demie, ce qui veut dire que très souvent les équipes font douze heures de présence. Le repos hebdomadaire existe, mais le contrôle est assez problématique.

En Belgique, la durée du travail des ouvriers verriers est presque partout supérieure à huit heures et le repos hebdomadaire n'existe pas. A la suite de la convention de Berne, la loi du 10 août 1911 a supprimé le travail des femmes encore employées la nuit dans les verreries belges. Toutefois, si les renseignements qui me sont fournis par des industriels voisins sont exacts, une exception serait admise pour les femmes, en ce qui concerne le transport des canons dans les verreries à vitre, sous le prétexte que les canons de verre destinés à aller aux étenderies « sont des matières en élaboration susceptibles d'une altération rapide et dont la perte est inévitable. »

Produits chimiques. — En dehors de l'électrochimie, je ne connais en France qu'un ou deux exemples, très intéressants d'ailleurs. L'un a été établi sous la pression du service de l'inspection du travail exigeant l'exécution de la loi sur le repos hebdomadaire. Or, l'industriel et les ouvriers se sont montrés satisfaits au point qu'il ne saurait plus être question de supprimer la journée de huit heures.

Il y a également plusieurs exemples en Angleterre, en Belgique, en Allemagne.

Papeteries. — La Finlande possède un fort noyau d'usines ne travaillant que huit heures. Malheureusement, il semble se produire un courant régressif dont les causes ne m'ont pas paru avoir été assez bien déterminées par les délégués à la Commission de Londres.

Remarques particulières sur certaines législations. — L'ordonnance allemande du 29 décembre 1908 fixe à deux heures la durée des repos dans toute usine métallurgique où la durée du travail est supérieure à huit heures; en outre, elle oblige les industriels à tenir une comptabilité pour les heures de repos et pour les heures supplémentaires. Cette double mesure nous paraît excellente pour le contrôle.

Le règlement français sur le repos des spécialistes est, je crois, unique. Il est probable que, s'il était généralisé et s'il était appliqué ensuite d'une manière un peu stricte, bien que les ouvriers y soient généralement hostiles pour cause de répercussion sur les salaires, cela ferait faire un pas de plus à la journée de huit heures (1).

Enfin, qu'il nous soit permis de regretter que, en Belgique, le repos hebdomadaire ne soit pas encore prescrit dans les verreries. Ce regret est d'autant plus vif que, en ce qui concerne les verreries à vitres, les maisons belges font une concurrence très grande aux maisons anglaises, allemandes et françaises.

V. — CONCLUSIONS

La meilleure conclusion de ce rapport se trouve d'abord dans les résolutions adoptées par la Commission internationale réunie à Londres, les 11 et 12 juin 1912. Ces résolutions sont au nombre de deux :

1re résolution. — « S'appuyant sur les faits qui lui ont été présentés, la Commission est d'avis que le système des équipes de huit heures dans les industries à marche continue (par jour et nuit) est le meilleur, et doit être vivement recommandé au double point de vue du bien-être physique et moral des ouvriers et de l'intérêt économique et social.

« Les rapports présentés par les diverses sections nationales ont démontré que, dans la grande métallurgie, la journée de huit heures en première ligne est nécessaire et possible.

« La Commission prie l'Association internationale d'adresser le plus tôt possible aux gouvernements la prière de convoquer une conférence des Etats ayant de grandes industries métallurgiques, en vue d'arriver à

(1) A Auby (France), c'est l'application de ce règlement qui a été la cause principale de l'adoption du régime des trois équipes de huit heures.

une entente sur l'introduction de la journée de huit heures dans lesdites industries. »

2e *résolution*. — « La Commission est d'avis que les sections nationales préparent par des études l'application de la journée de huit heures ou d'une semaine correspondante à déterminer dans les industries à marche continue :

« *a*) Où la journée de travail (présence obligée à l'usine) dépasse dix heures par vingt-quatre heures.

« *b*) Où les équipes font plus de six journées de travail par semaine.

« Toutefois, la Commission est d'avis qu'en ce qui concerne la verrerie, les études sont suffisamment avancées pour que l'on puisse demander une convention internationale sur la base de cinquante-six heures de travail par semaine au maximum avec un repos hebdomadaire de vingt-quatre heures ininterrompues. »

En ce qui concerne la métallurgie, on voit que la première résolution est très nette en faveur de la journée de huit heures.

La deuxième résolution tient compte du désir manifesté par certaines nationalités de fixer un maximum d'heures de travail par semaine et non par jour. En outre, elle se prononce en faveur d'une réforme immédiate dans la verrerie.

Après les travaux accomplis et les résolutions adoptées par la Commission internationale de Londres, l'Association pour la protection légale des travailleurs est autorisée, à notre avis, à proposer aux gouvernements des États industriels de bien vouloir fixer, pour toute l'Europe et même pour les États-Unis, la durée légale du travail dans toutes les usines métallurgiques et dans toutes les verreries où l'on travaille le jour et la nuit. Une telle mesure s'impose avec évidence dans l'intérêt des ouvriers de ces industries. Elle s'impose également dans l'intérêt des industriels eux-mêmes qu'il est urgent, au point de vue de la concurrence économique, de placer enfin sur un terrain d'égalité et d'uniformité en ce qui touche l'organisation du travail.

Quant aux idées directrices à indiquer aux gouvernements, nous croyons fermement qu'elles se trouvent dans les deux résolutions de la Commission de Londres qu'il suffirait de fusionner et de modifier très légèrement. A cet égard, nous nous permettons de soumettre, à titre d'indication, le projet suivant à l'assemblée générale de Zurich :

Projet de résolution

I. — Dans les usines métallurgiques et dans les verreries où l'on travaille d'une manière continue le jour et la nuit, le meilleur régime de travail est celui des trois équipes de huit heures, ou le régime hebdomadaire correspondant.

II. — Dans ce régime, chaque ouvrier doit faire :

a) Cinquante six heures de travail, en moyenne, par semaine de sept jours;

b) Cent soixante-huit heures, au maximum, par période quelconque de vingt et un jours consécutifs;

c) Douze heures au plus le jour de l'alternance des équipes.

Dans ce régime, chaque ouvrier doit avoir, tous les sept jours, au moins vingt-quatre heures de repos ininterrompu.

CINQUIÈME SÉRIE

I. *La Conciliation dans les conflits collectifs et les travaux de la section du Nord de l'Association.* — Rap. de M. AFTALION. — Brochure, 0 fr. 60.
II. *La loi du 7 mars 1850 et le Mesurage du travail à la tâche.* — Rapport de M. Ad. BOISSARD. — Brochure, 0 fr. 60.
III. *Le Contrat de travail et le Code civil.* — Rapports de MM. PERREAU et GROUSSIER. — 1 volume, 3 fr. 50.
IV. *La Réforme de l'inspection du travail en France.* — Rapport de M. Eugène PETIT. — 1 volume, 3 fr. 50.
V. *Collaboration des ouvriers organisés à l'œuvre de l'inspection du travail.* — Rapport de M. Henri LORIN. — 1 volume, 1 fr. 75.
VI. *Les Accidents du Travail dans l'Agriculture.* — Rapport de M. Henri CAPITANT. — 1 volume, 1 fr. 75.

CINQUIÈME SÉRIE bis

PUBLICATIONS DE LA SECTION DU NORD

I. *Les Caisses de chômage.* — Rap. de M. DE LAUWEYRENS DE ROOSENDAELE. — Br., 0 fr. 60.
II. *L'application dans le Nord et la Revision des Décrets de 1899 sur les conditions du travail dans les marchés publics.* — Rapports de MM. BARGERON et MASSON. — Brochure, 1 fr.
III. *Le travail de nuit des enfants dans les usines à feu continu.* — Rapport de M. LÉVÊQUE. — Brochure, 0 fr. 60.
IV. *La prévention des accidents sur les voies ferrées des usines.* — Rapport de M. LÉVÊQUE. — Brochure, 0 fr. 60.
V. *La lutte contre le chômage dans le Nord* — Rapport de M. DE LAUWEYRENS DE ROOSENDAELE. — Brochure, 1 fr.

SIXIÈME SÉRIE

I. *Les Problèmes du Chômage.* — Rapports de MM. F. FAGNOT, Max LAZARD, Louis VARLEZ. — 1 volume, 2 fr. 50.
II. *La Réforme de la Procédure de la Mise en Demeure.* — Rapport de M. E. BRIAT. — 1 volume, 2 fr. 50.
III. *Le Travail de Nuit dans les Boulangeries.* — Rapport de M. Justin GODART. — 1 volume, 1 fr. 25.
IV. *Le Travail de nuit des enfants dans les usines à feu continu.* — Rapport de M. l'Abbé LEMIRE. — Brochure, 1 fr.
V. *Les Maladies Professionnelles.* — Rapport de M. L.-J. BRETON. — Brochure, 1 fr.
VI. *Les Demandes reconventionnelles, devant le Conseil des Prud'hommes.* — Rapport de M E. BRIAT. — Brochure, 1 fr.
VII. *Le Règlement amiable des Conflits du Travail.* — Rapports de MM. AFTALION, ARQUEMBOURG et FAGNOT. — 1 volume, 2 fr. 50.

SIXIÈME SÉRIE bis

PUBLICATIONS DE LA SECTION DU NORD

I et II. *La Réglementation légale de la durée du travail des employés.* — Rapport de M. DEPITRE. — *La réduction du nombre des enfants employés la nuit dans les verreries.* — Rapport de M. LÉVÊQUE. — Brochure, 1 fr. 50.

SEPTIÈME SÉRIE

I. *Le Minimum de salaire dans l'industrie à domicile.* — Rapports de MM. B. RAYNAUD, Comte A. DE MUN, Abbé MÉNY. — 1 volume, 2 fr. 50.

Ces publications sont servies aux membres de l'Association.

L'Association nationale française examine et discute dans ses réunions périodiques les questions de législation du travail à l'ordre du jour. Elle publie le compte rendu de ses discussions.

Sont membres de l'Association les personnes et les sociétés qui considèrent la législation protectrice des travailleurs comme nécessaire et adhèrent aux statuts de l'Association.

La cotisation annuelle est fixée à 10 francs. Elle est réduite à 3 francs pour les personnes ou les sociétés qui ne demandent pas à recevoir les publications de l'Office international.

Les adhésions sont reçues par le trésorier de l'Association : M. Léon DE SEILHAC, délégué permanent du Musée social, 5, rue Las-Cases.

ORLÉANS. — IMP. AUGUSTE GOUT & Cie

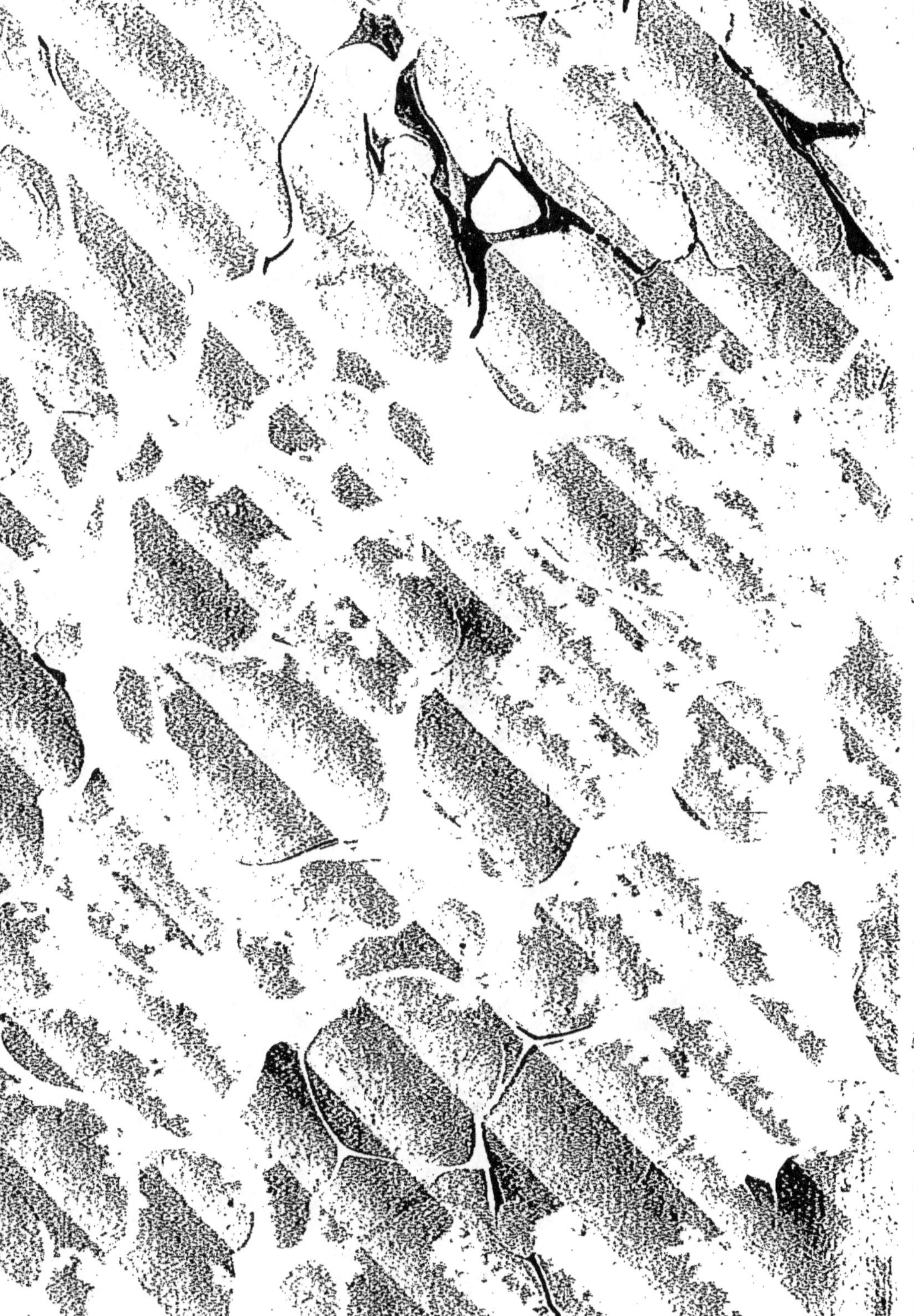

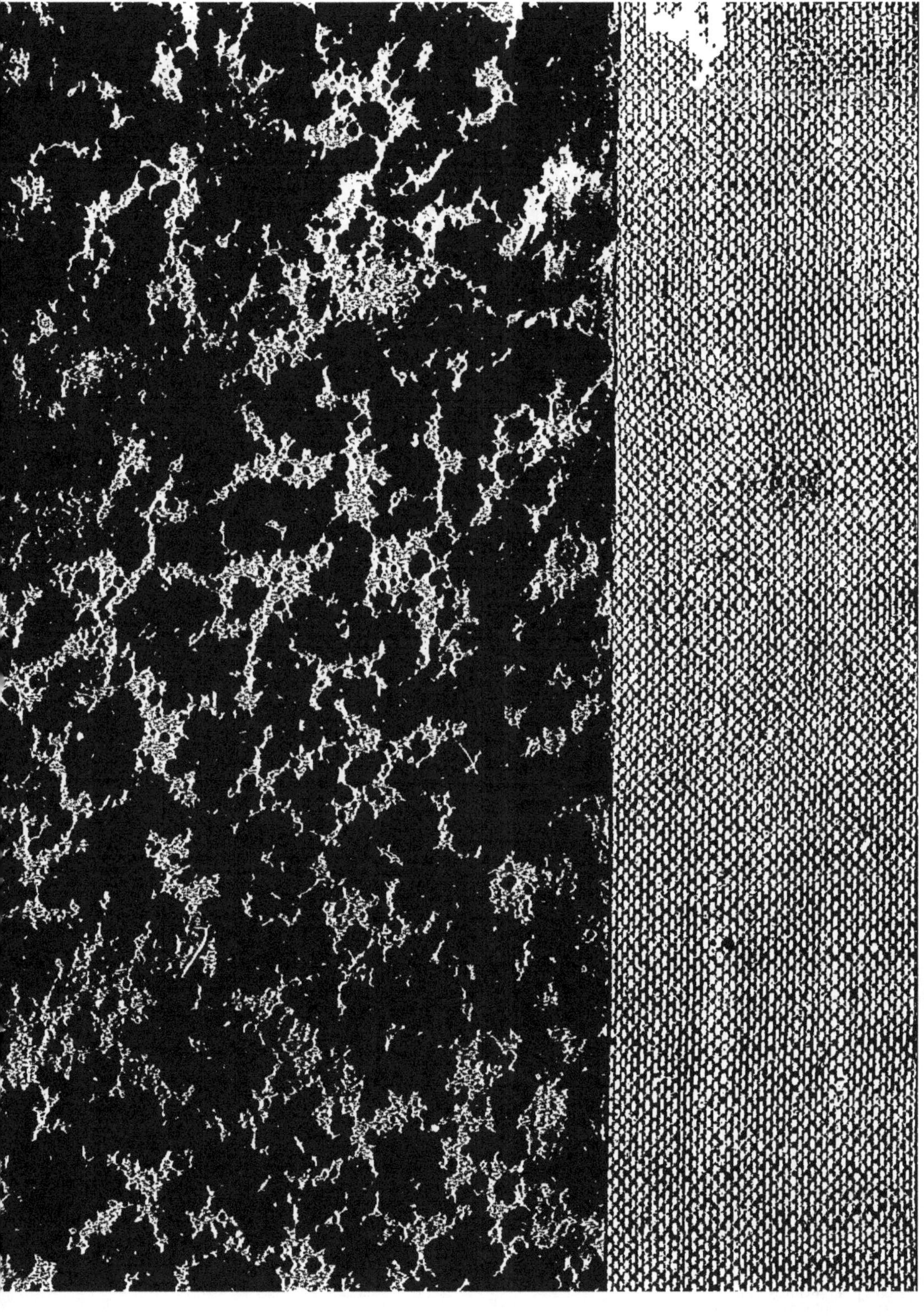

www.ingramcontent.com/pod-product-compliance
Lightning Source LLC
LaVergne TN
LVHW010056230826
846091LV00005B/1960